LA BANDA DE MOEBIUS

Las Ediciones de

la Banda de Moebius, S.A.

HOMENAJE A
JOHN LENNON

AGUST
MONCHO ALPUENTE
MARIANO ANTOLIN RATO
LUIS EDUARDO AUTE
EL AVIADOR DRO
JOSE LUIS BELLUGA
OSCAR BENEDI
REYES DE BLAS
CARLOS BLOCH
EDUARDO BRONCHALO
BURNING (RISI)
CEESEPE
JUAN CARLOS DOLCET
PERE FERRANDO
MARIA JOSE GALLEGO
ALICIA GONZALEZ DE CASTRO
GLUTAMATO YE–YE
JUAN RAMON GUTIERREZ
EDUARDO HARO IBARS
LOVICH
JOSE MIGUEL MARCEN "ONLIYU"
FERNANDO MARQUEZ
XAIME NOGUEROL
CARLOS D. PERELLON
JAVIER PUEBLA
JUAN LUIS RECIO
MIGUEL RIOS
JAVIER RODRIGUEZ DE FONSECA
JULIO IGNACIO RUIZ
JORGE STOETTER
FEDERICO SUEÑO
CARLOS TENA
FERNANDO TIZON
YULINO

Portada: JAVIER PUEBLA
Contraportada: JUAN CARLOS DOLCET

Primera edición: Febrero 1981

I.S.B.N.: 84-85769-07-4
Depósito Legal: M-1289-1981
Impreso en Queimada Sociedad Cooperativa
c/Astorga, 8 – Teléf.: 403 52 09 – Madrid-17

Impreso en España – Printed in Sapin

ADIOS, INDOMITO JOHN

9-10-40, 9-12-80

entonces, buscaron en los espejos rotos de tus gafas redondas
y no había residuos de aquel sueño puteado a una generación—

Reagan hociqueaba con sus *dientesmissiles* apretados
triturando notas dispersas de *"dad una oportunidad a la paz"*

No disturb/cresta del dolor/alta reunión (ejecutivos de la
Warner Brothers *computaputean* en dólares la inversión gratis
de tu fin de viaje en la charca de los ochenta

alas de la radio traen súbita fiebre esta mañana
y anónimo muchacho que pena en oficina cambia su bocadillo de
las once
por escuchar insistente *Imagine* en la vieja moviola del bar

ya borraron con nubes tu gesto indómito de misterioso dolor y
de sueño cancelado

one, two, three
ya da la entrada Keith Moon luminoso
angelesfans te arrojan estrellas y colores del arco iris
es tu primer concierto
en el escenario definitivamente extendido de flores

XAIME NOGUEROL

TRAVELLING

Van hacia el dolor inevitable
los pétalos que la ternura perfumó.
También hacia el dolor
se convocan los planetas que estallaron
ante los deseos imposibles,
las urgencias sistemáticas que solicitaban
ser atendidas con la ingenuidad del abrazo.
Hacia el dolor,
el primer beso-padre-me confieso...,
la rebeldía sin causa,
Blue Suede Shoes
y el Machado de las dos Españas,
la memoria recuperada con ira,
los años de pureza insobornable,
el fervor de la lucidez positivista,
el heroísmo patético de la clandestinidad,
la lucha permanente, Camus contra Sartre
y Poeta en Nueva York
contra el Poeta en la Calle,
a Bout de Souffle y Buñuel excomulgado,
Yesterday y Dylan en la protesta,
flower-children, Warhol-Pop y Reich-Azul,
Mao, Mayo del Sesenta y Ocho,
Che,
chocolate y humo y Laing
en el Nudo.
Dicen que Elvis colaboraba con el FBI,
Groucho ha muerto
y hoy John Lennon, acribillado por los ochenta,
cae sobre mí penúltima flor.

LUIS EDUARDO AUTE

LOS BUENOS MUEREN JOVENES

Un soplo de abatimiento planetario
como un muermo profundo me envolvió el otro día,
al otro día de la muerte de John Lennon.
Pensé: "Los buenos mueren jóvenes".
Lo imaginé asustado, pequeño y muy frágil,
mientras el asesino se suicidaba matando a un gigante.
Primero fue el fuego,
después la sangre,
y seguía pensando: "los buenos mueren antes".

MIGUEL RIOS

LA TORMENTA

Así es que aquí llega la tormenta.
Empañada antes de explotar.
Asustada por temor a no reventar.
Miedo idéntico a la impotencia de la bebida en aras de soltar un adiós.
Que recitará omitiendo aquellas cosas que nos dieron las islas mantenidas hasta hoy.

Así es que llega aquí la tormenta.
Siempre revestida en sutiles formas distintas.
Disconformes entre ellas, más...
Con una unidad que las encadena.
La negación del "estilo de vivir".
Erradicado en la simpleza de su ser.
La inusualidad de su canción.
Confundida con la herida. Abierta. Estrepitosamente abierta.

Así es que la tormenta aquí llega.
Y estalla. Y cae su fruto.
Recogido en pequeños cántaros... negros.
Depositado
cuidadosamente
en grandes cántaros... negros.
Envueltos en cartón
casi siempre, a menudo
coloreado.
Al igual que el manantial, tampoco comprende los problemas de quien de tí está cerca.
Como mucho se lo imagina impresionado en delicado papel.
Vacío de esperanza.
Hueco de solidaridad.
Cara a cara.
Resuello a resuello.
Se va lejos... Camino al sueño... De paso... por la tormenta.

PERE FERRANDO

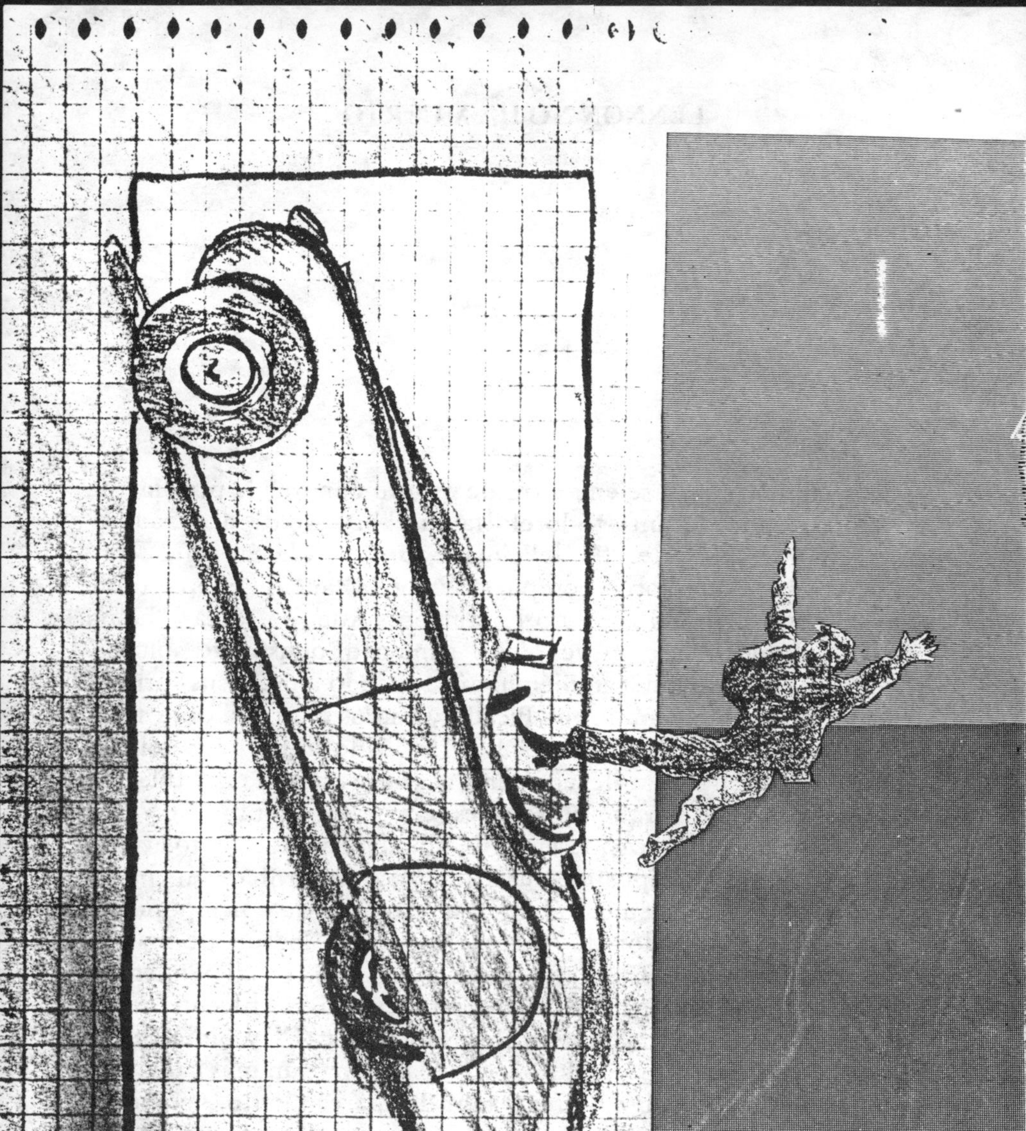
-A D U T S-

LENNON NO HA MUERTO

El pequeño Mark se encontró de pronto con que la pistola que se había alojado durante todo el día en el bolsillo de su cazadora, estaba un poco caliente. "La felicidad es una pistola caliente", sonrió. Recordaba que había compuesto aquella canción en una tarde especialmente fría del invierno londinense. Aunque, ¿acaso había conocido Londres alguna vez?. Por supuesto, pensó. No sólo había conocido la ciudad, también había ayudado a crear sus formas: las reuniones de melenudos en Picadilly Circus eran casi obra suya. El había inventado la bruma, había fabricado miles de canciones brumosas que en cierta década remota se obstinaron en astillar los aparatos de radio. Porque él, señores, era John Lennon. Si, y este tipo alto y desgarbado que vivía en aquellos apartamentos era el miserable Mark, el impostor Mark que un día le robara su cuerpo y se dedicara a gozar una vida que únicamente le correspondía a él. Miserable, usurpador de existencias ajenas, ladrón de rostros, delincuente rabioso. Casi no existían insultos, se dijo mientras comía un club sandwich en el burger que había enfrente de los apartamentos Dakota. "Mmmm, qué bueno está" y pidió otro a la vez que palpaba la pistola del 38 que se hallaba aún más caliente.

Luego se sentó sobre un marcador de aparcamiento y comenzó a rememorar su pasado. Recordaba como si fuera ayer cuando recibió la orden de manos de la reina. Qué suave piel tenía ella, cómo le hubiera gustado tirársela en uno de los retretes del palacio. Se acordó de su tía y de Liverpool, de las putas que le masturbaban junto a las puertas de los cines. Pensó en la muchedumbre apretada los días de concierto coreando su nombre y se dio cuenta de que estaba enamorado de su propia vida, que debía recuperarla. Era absolutamente necesario matar al falso Lennon.

Pero atención, ahí llega, todo orgulloso, casi convencido de que él es el auténtico. Acompañado siempre por la extraña esposa del verdadero John, que aguarda impaciente con su pistola sin seguro. Ahora le gritará "¡Chapman!", y la víctima le mirará asombrado, asustado ante la posibilidad de ser descubierto. "¡Lennon!", gritó por equivocación y el otro recibió siete impactos de bala neoyorquina.

Pequeño Mark John Chapman Lennon, creo que con los nervios te confundiste un poco. Deberías haberle llamado Chapman, que era su nombre auténtico. Pero no importa. Ya has matado al impostor. Ahora, ¿cuándo vas a componer tu próximo disco, Lennon?.

CARLOS D. PERELLON

LENNON IN THE SKY WITH DIAMONDS

La chica de los ojos calidoscópicos me dio una pistola, y vacié el cargador sobre una mesa. El sargento Pimienta me entregó un cuchillo que clavé en las entrañas de una almohada. El loco de la colina me manda un tirachinas con el que destrozé la bombilla de mi cuarto. En el club de corazones solitarios se entregan frascos de veneno gratuitos. El Doctor Robert pone en mi mano un bisturí, y recorro la ciudad buscando una espalda, que no encuentro. Vuelvo a casa y Lucy me espera en la puerta con una metralleta, que descargo sobre las paredes, los cuadros y los muebles de marquetería inglesa. Por último yo mismo cojo mi navaja, mi vieja navaja. La navaja que tanto le gusta al gato, y salgo a la calle.

Quiero venganza. Estoy buscando al culpable. Imagino la hoja del cuchillo hundiéndose en la carne blanda. El culpable está aquí, lo sé. Me lo ha dicho la chica de los calidoscópicos:

—El culpable está en todas partes.

Y seguro que tiene miedo... Querrá huir, pero no tendrá dónde. La música del fantasma le acosará en cualquier sitio.

Quiero su sangre. Cuando alguien me muerde me las paga. Y esta vez han tocado algo muy mío. Cualquiera puede ser. Entro en un bar, y me emborracho. Trato de hablar con alguien. Abro y cierro la navaja en el bolsillo. Según André Breton disparar sobre los transeúntes indiscriminadamente es un acto artístico. Pero da igual, pasando de citas y discursos. Necesito sangre. Al primer tío que no me guste, al primero que por la razón más mimia me resulte sospechoso. ¡Zaca!. Se la hinco y se acabó. Y cuando vuelva a casa, con el puñal tinto en la sangre de cualquier cretino me mentiré a mi mismo, pensando que te he vengado, John, y podré colgarme tranquilo de la cuerda de un reloj o de la cadena del water.

FEDERICO SUEÑO

NATURALMENTE UN DÍA TERMINÓ COMO TODOS LOS DE SU CALAÑA,
CUANDO UN TIPO LE DEDICÓ TODO UN CARGADOR.
FUE UNA NOCHE AGITADA EN CENTRAL PARK.
— ¿POR QUÉ HA SALIDO ESTA NOCHE, PESE A LA LLUVIA? — DIJO UN TRANSEUNTE.

DIA 9 DE DICIEMBRE

Tomo mi Nesquick y mi pan con Tulipán y mermelada de fresa. Por Intercontinental FM una de las moñoñas susurrantes comenta lo que ya dijo al principio de la emisión: la muerte de John Lennon. Me quedo algo lelo. Dejo por un momento de masticar. Hago balance:

A) MUERTES QUE ME HAN IMPRESIONADO

LOS DOS KENNEDY, SHARON TATE, GEORGE SANDERS, CARRERO BLANCO, CECILIA, NINO BRAVO, GARY GILMORE, MINNIE RIPPERTON, MARILUZ NAJERA, JIM MORRISON, ANA (DE "LA COMPAÑIA"), EL ABOGADO DEL CASO ATOCHA QUE SE SUICIDO RITUALMENTE, LA ABORIGEN EMPALADA POR CIERTOS REPORTEROS QUE LOS DIOSES CONFUNDAN, LAS VICTIMAS DEL CASO ATOCHA, JEAN SEBERG, FELIX RODRIGUEZ DE LA FUENTE, CANITO

B) *MUERTES QUE ME HAN DEJADO IGUAL*

JIMI HENDRIX, JANIS JOPLIN, LUTHER KING, PERON, ALLENDE, WALT DISNEY, FRANCO, SID VICIOUS, EL SHA, ELVIS

C) *MUERTES QUE ME HAN ALEGRADO*

LOS REPORTEROS EMPALADORES

Me lavo los dientes. Me enjuago la boca con elixir mentolado. Nunca se me pasó por la imaginación que un Beatle muriese, y menos, a tiros. Siempre estuve distanciado de Lennon: no me gustaba su mujer ni sus ideas ni sus tetas. Eduardo Haro me llama para comunicarme que John Lennon ha muerto. Bromeamos unos instantes y me indica la posibilidad de un complot de la nipona para heredar al señor de las gafas. Admito con fanatismo la hipótesis pues la encuentro de lo más consistente: Yoko es la única mujer oriental que detesto. Paso un rato ensayando en el órgano. No estoy muy brillante y, por no cabrearme, abandono y me pongo algunos discos de Alice Cooper (por este orden: *"WELCOME TO MY NIGHTMARE", "BILLION DOLLAR BABIES", "MUS–CLE OF LOVE"* y *"FROM THE INSIDE")*. Me llama el Troyano para pedirme discos y decirme que cuándo se pasa a dejarme los programas de Radio Popular. Le comunico la muerte de John Lennon. Ya lo sabe. No hay comentarios. En realidad, no hay mucho que decir: juntos hemos conocido muertes más cercanas en la semana de Atocha, o en su momento convertimos a Gary Gilmore en objeto surrealista... Pero un Beatle. Es mucho más absurdo: supera nuestra capacidad inventiva. Puede que Woody Allen lo previese. Como. Mis tías hacen honras elegíacas sobre Lennon: era un beatle y todo el mundo sabe que los beatles, pese a ser poprockeros, eran muy buenos, SIN DISCUSION. Yo, mientras, trago sopa, bisté y champiñones, y medito en la cantidad de gente que está muriendo de seguido: Ortuella, la empalada y sus empaladores, los terremotos de Italia, Sa Carneiro. También hay otras muertes a diario desde hace un par de años pero ésas a quién pueden interesar (electoral y demagógicamente, a unos grupos concretos; sinceramente, SOLO a las familias de los fallecidos). Estoy derivando por estupideces: la cosa va de Lennon. sólo de Lennon, a quien Matías Prats glosa en el telediario y el Julio César pasa la bola con su habitual cara de asco a un Carlos Tena inhabitual en la sobremesa que intenta indicar como herencia del tesoro beatle esa explosión creativa de los 80 llamada "NUEVA OLA". Ya no habrá más beatles: a mis tías no les gusta Bowie ("ese mariconazo"), Ferry ("¿quién?"), los B-52 ("de manicomio") o el ska ("parecen mongoloides") y los Alaska no son más que "el grupo de la niña y el Berlanga", mis ex. La jugada maestra de la *season* ha sido el montaje hendrixiano de Nino Bravo con nuevas bases y un rock en single, a ver si cuela entre Sirex y Mustang. Acaba la tele. Espero que Susana venga puntual: el ensayo vocal de POP–DECO no es moco de pavo, ¿qué se creían?. Para hacer tiempo, me releo una novela de García Serrano sobre la guerra civil. El único beatle que seguía de cerca era McCartney: tengo toda su discografía en solitario y los temas beatles que más me interesan son aquellos que llevan su huella. Siempre lo he considerado más artista que a su politizado colega: es curioso, pero los músicos conservadores (Bowie, Harley, por ejemplo) suelen dejar obras de arte bastante puras. De Lennon sólo tengo el *"IMA–GINE"*, que admito es un gran disco y me gusta la versión de *"MOTHER"* que hace Mía Martini. Comprendo que ha habido una distancia por razones de antipatía política: tal vez su muerte me reconcilie. Murió ya maduro, harto de *boutades,* más Hombre y menos figurilla pseudoprogre. Debo escuchar sus discos en solitario, no dejar que la opinión de tanto cretino de izquierdas me siga influyendo. Lennon, en la cuarentena, debía saber perfectamente el haz y el envés de la progresía. Su colega Paul se ha encerrado y no quiere entrevistas. Sigo siendo fan de Paul: me gusta lo que hace y cómo lo hace. Susana no aparece. He acabado el libro. Me preparo la cena. El teléfono... Es Susana: acaba de llegar de San Sebastián. Mañana ensayaremos. Me siento más eufórico. Escucho a Lou Reed. Como lomo encebollado con soja y el resto del champiñón. De nuevo el teléfono... Es Juan Luis, de Moebius: quieren sacar un libro colectivo dedicado a Lennon. Le digo que haré algo. Acabo de cenar. Me pongo el *"IMAGINE"*. Escribo esto. Cuando llego justo aquí, por la radio, temas de los beatles: me acuerdo de Franco, de Carrero... ¿Es buena tanta elegía españolita para un supuesto contestario? Me acuerdo de su frase: "MAS POPULAR QUE CRISTO".

Lo peor que tienen las blasfemias es cuando se cumplen.

John Lennon, el primer beatle muerto: ¿LA SEÑAL DEFINITIVA DEL FIN DEL MUNDO?

FERNANDO MARQUEZ

f. tizon

IMAGINA... QUE JOHN NO HA MUERTO

Me he levantado, como siempre, tarde (si bien no tan tarde como hubiese sido de desear). He comido fuera, media hora después de dejar la cama; y en el comedor he escuchado cómo un camarero le decía a otro:

—Oye tío, que han matado a John Lennon!

— ¡Anda ya!.

—Que sí tío!

Y luego los dos se han reído. Qué broma estúpida, qué broma idiota. Durante unos segundos especulé con la posibilidad de que se hubiese muerto de verdad. Imaginé periódicos tirando números especiales, dedicándole un monográfico en su semanario. Imaginé la noticia corriendo de boca en boca. Pero no, es imposible.

—Un individuo, mestizo de blanco y chino, le ha metido siete plomos al Lennon.

Me lo dice Federico Sueño, al que me encuentro en la puerta del Comercial. Tiene los ojos vidriosos y ausentes. Finjo no verle y sigo andando. Me cruzo con dos tíos que están comentando lo mismo:

—Fíjate, y a tiros.

Entonces sí. Entonces empiezo a sospechar que es verdad. a temer que los rumores sean ciertos. Pero me sigo resistiendo. aunque me lo confirman Juan Luis Recio y Radio Nacional. No puede ser. Hace menos de veinticuatro horas que estuve oyendo un disco suyo. Imposible.

—— ¡Que no señora!. ¡Qué es usted una mierda!, que John Lennon no ha palmao!.

La vieja acojonada, levanta los brazos, pega un grito y rompe a correr calle abajo.

—Lennon ha muerto— lo dicen las hojas secas del parque. Lennon ha muerto —insiste el viento helado que recorre las calles. Lennon ha muerto— repiten las pintadas en los ladrillos de las paredes. Lennon ha muerto, Lennon ha muerto,... reitera inútilmente el eco.

Seguro que es un montaje. Ya pasó una vez con Paul McCartney. Estuvo muerto casi un año, y luego apareció en una plaza de toros haciéndose la historieta con un becerro. Seguro que John, siempre empeñado en superar al McCartney, se lo ha montado como él, pero mucho más a lo grande. Mucho más espectacular. Piensa que nadie ha visto, tampoco tú ninguna fotografía. Piensa que nadie ha visto, tú tampoco, ninguna fotografía del cadáver. Con lo sencillo que es encontrar un doble en la ciudad de Nueva York. Tan simple como encontrar un asesino a sueldo, medio chino, medio kamikaze, en busca de popularidad. Y mucho más fácil aún convencer a la loca de Yoko Ono, para que le diese el toque divino a la farsa.

Y él viendolo todo desde su escondite secreto, esperando que alguien acuse de su asesinato al presidente Reagan o a su casa discográfica.

La gente dice que has muerto. La hojas secas dicen que has muerto. Y las paredes, los aparatos de radio, la boca de los papagayos, los letreros luminosos... Toda la ciudad grita lo mismo:

—Lennon ha muerto.

Pero Lennon no ha muerto. Cualquier día se aburrirá de su escondite secreto y nos lo encontraremos vestido de lagarterana en la frontera suiza o paseando en monociclo sobre las olas del mar o las nubes del cielo.

JAVIER PUEBLA

EL AVIADOR DRO

EL AVIADOR DRO ha tenido que buscar y revisar más de una vez sus grandes cintas de información impresa, para poder relacionar el nombre de un brillante hombre de negocios –Místico servidor de la superstición– con el del miembro de un grupo legendario en los anales de la historia humana: LOS BEATLES!!!

Y NO HA ENCONTRADO NADA

NO HAY NADA QUE RELACIONE LOS DOS NOMBRES

NADA

Solo Rock&Roll/ VOLVER ATRAS/ palabras blandas e irreales y más desechos de antiguas glorias.

PARECE UNA ANTIGUA RUINA EGIPCIA

UN LEGENDARIO PALACIO MINOICO

JOHN WINSTON LENNON murió a todos los efectos en el año 1970 con la desaparición de los BEATLES

LO DEMAS ES PURA ESPECULACION

PASTO DE FIEROS ANIMALES Y FRUSTRADOS

LITERATOS HUMANOS

Lo absurdo es que van a castigar a un inocente por matar a un muerto y VIVA EMI una vez más

y

ASI PUES EL AVIADOR DRO RECOMIENDA A OTROS ASESINOS QUE NO SOLO ELIMINEN AL RESTO DE LOS BEATLES (SALVO A PAUL, MIENTRAS SIGA HACIENDO TEMAS COMO "SECRETARIA TEMPORAL") SINO TAMBIEN A LOS ROLLING STONES / MARGARET THATCHER / LED ZEPPELIN / PINK FLOYD / ELVIS COSTELLO / RONALD REAGAN / TODO SAXON – DEF LEPPARD–JUDAS PRIEST (MUERTOS AL NACER) EL PAPA WOJTYLA Y OTROS MAS (PARA PEDIR LISTA DETALLADA ESCRIBIR AL APARTADO 455677) Y TODOS LOS DINOSAURIOS QUE QUEDAN EN LA TIERRA SOBRE TRONOS Y PISCINAS.

De todos modos agradecemos a John Lennon haberse muerto para poder hacernos un poco de propaganda en este libro tan bonito, necrofílico y oportunista.

EL PASADO COMIENZA A DERRUMBARSE

¡DESCANSAD EN PAZ!

"EL DOBLE AMERICANO"

El hombre de la cara de luna tiena miedo, él es el único John Lennon superviviente, alguien podría envenenar su rancho carcelario.

Mark David Lennon Chapman asesinó a su doble afortunado. Caricatura en el espejo deformante Lennon Chapman no pudo soportar la confrontación con el indiferente Lennon Lennon junto a la puerta de un lujoso edificio de Manhattan.

La violencia es un ciego que lleva una pistola, afirma Chester Himes, un loco que anda suelto en cada esquina de Manhattan y que puede atentar en cualquier momento contra la integridad de nuestros más sagrados símbolos vivientes.

Señores del jurado, Lennon Chapman no es más que uno de esos cientos de miles de perturbados sin dios y sin oficio que acechan en las sombras de todos los Manhattan de este mundo.

John Lennon es ya (brillante síntesis homenaje del ministro de Justicia español) "un clásico de nuestro tiempo", una leyenda muerta, como corresponde a las buenas leyendas. Final de telefilm para un rebelde que asciende purificado y beatífico a los cielos con moraleja y lágrima y nostalgia que cantan los "Hits Parades" y registran ebrias de gozo las cajas registradoras del Hipermercado.

Y mientras John es llevado a los altares por enlutadas multitudes que entonan con voz enronquecida por el llanto las estrofas de "Yesterday", las gentes de orden se felicitan de haber votado a Ronald Reagan para que, Biblia en mano, aplique de nuevo, sin excesivas formalidades, la ley de Lynch al Oeste del Pecos.

MONCHO ALPUENTE

ASESINAN A LENNON & RESUCITAN LOS BEATLES

Llevaban diez, once años muertos. Y ahora, una de las muchas muertes violentas cotidianas los resucita. Sí, los Beatles han resucitado para industria y comercio y navegación, para prensa y radio y televisión, para nostálgicos y mitómanos y carroñeros.

¡Gran consternación! Han asesinado a John Lennon y no hay suficientes reservas de productos. ¡Horror en el hipermercado de la música pop! Los Beatles han resucitado y nosotros, los de las casas discográficas, tan tranquilos fabricando discos de la nueva ola. ¡Ràpido! ¡Enseguida! Ediciones especiales. Programas especiales. Silencios especiales (10 minutos).

El pobre John Lennon. Hace diez, once años era fabuloso, fantástico, oye, y escribía el testamento de los Beatles. Los enterraba cansado, decía, de tanto mito, tanta nueva era, tanta manipulación imbécil. Todos forrándose a costa suya (él también se forraba, claro), se quejaba, y obligándole a hacer, decir y callar lo más conveniente para mantenerse en las listas de éxitos (es decir, ventas).

Pero hace diez, once años ya llevaban mucho tiempo sin actuar en directo, los negocios de La Manzana no iban demasiado bien y... ha aparecido Yoko Ono. Yoko Ono la artista de vanguardia, la fea, la culpable de la separación de los Beatles. Yoko Ono la odiada por los beatlemaníacos, la culpable (incluso eso), de que se terminaran los fantásticos, oye, años sesenta.

Y Lennon se ha dejado pelo de hippy, cambia las lentillas de miope por unas gafas de la seguridad social. Lennon que se corta enseguida el pelo y se mete en la cama de la paz y se levanta y se fotografía desnudo con Yoko Ono para ser una de las dos vírgenes de la cubierta de un disco sin los otros Beatles. ¡Horror entre los alegres, los desenfadados, los libres seguidores de los cuatro fabulosos chicos de Liverpool!

Luego, los Beatles ya no se pueden ni ver. Y venga discos con la banda de plástico de Ono. Discos con canciones metiéndose con McCartney ("¿Cómo duermes?"). Y paz, paz y trajes blancos, y compromiso y Angela Davis y John Sinclair y el Ulster, y héroes de la clase obrera. ¿Es que se ha vuelto loco el más listo de los Beatles? Sí, responden los más contumaces maniáticos de los cuatro. No compréis sus discos.

Luego, y es 1975, Lennon otra vez rockero. Vuelve a los orígenes de los Beatles. Al rock and roll de los años 50. A versionar a Carl Perkins, Chuck Berry, Jerry Lee Lewis, Fats Domino... Parece que el hombre se arrepiente.

Silencio durante cinco años. Y hace poco, este otoño de 1980, nuevo disco y el asesinato. Se han cargado a John Lennon a la puerta de su lujosa casa de novela de Harold Robbins. Ha muerto y resucitan los Beatles envueltos en nostalgias, recuerdos, añoranzas. No hay problema. Lennon no puede hablar, no puede repetir lo que dijo hace diez, once años. Y venga explotación a tope de los Beatles, de esa carroña maloliente ya en el recuerdo. Los Beatles de nuevo en todas las ondas para olvidar el presente, oye, que es muy duro, ya sabes, y ellos eran tan fabulosos, sin duda, que llenaron toda una época, seguro.

Filmaciones, programas de radio, de televisión, portadas de revistas, libros como éste... en fin, hasta yo, que siempre he preferido a los Rolling Stones escribiendo todas estas cosas. John Lennon se merecía algo más. Pero como era más famoso que Jesucristo, su muerte resucita y fundamenta la iglesia beatleniana. Amén.

MARIANO ANTOLIN RATO

JOHN, ¡QUE BUENO QUE TE FUISTE!, PERO ¡VAYA LIO QUE DEJASTE!

Me fue indiferente.

No.

Me dio pena, me dio asco, me dio miedo, y los Rolling Stones y Jim Morrison a toda hostia nada pudieron hacer por mí.

Me zarandeó un hermoso mal rollo y no creas que me agarró por tí, Juan. No. Porque, al fín y al cabo, sabía que lo de Mark contigo fue un favor de cojones. Colocó una panda de balas en tu beatífico cuerpo y te hizo un magnífico favor. ¡Que sí! Tu vida era ya la de una tierra viejecita que regresa de misa de ocho confesada y comulgada, y como cualquier borisviano sabe, ese es el mejor éxtasis de sesgar vidas/muertes. (Antes de que se enteren de nuevo de qué va la cosa ¡záca!). O sea que eso. Que a tí, Juan, en plena mística con la vida, con tu mujercita, con tu hijito, con tu empresa discográfica, con tu coche estupendo, con tus casitas de Palm Beach y el refugio de montaña, con tus cinco apartamentos cinco en N.Y., con tus cuatro granjas de vacas, con tu cuenta corriente de mil millones de pelas, con tus santos cojones..., y paro ya, lo mejor que te ha podido pasar es que acabaran con tu vida de una puñetera vez. Un auténtico chollo que te pusieran *out of order* antes de que entre empalagosa canción de Yoko y ñoña caricia de tu niñito te volvieras a enterar –como en tus mejores momentos– de lo que estaba pasando en el Mundo, en el Imperio, en el cincuentaiunavo Estado del Estado de los Estados Unidos –jamás serán vencidos–, o simplemente en las calles de tu ciudad.

Pero, vale. No te cabrees, que paro ya. Tampoco es que haya que machacarte ahora que la has *espichado*. Al fin y al cabo te lo hiciste de puta madre en la década prodigiosa (60's) con tu grupata aquél de los Escarabajos y respondiste con suficiente ingenio a la década asquero-gomosa (70's). Como debe ser. Aunque a mí, particularmente, siempre me salvaron más del marasmo los bordes de los Piedras Rodantes –cuyas *stones* me alcanzaron en la pelota ¡puaf! con más intensidad que los hoyitos que produjeron tus escarabajos o lo tuyo en solitario (¿o no?)—. Pero de todas maneras, sé que lo tuyo también fue mucho, de verdad, por eso he roto unos folios coñazamente duros contra tí y tu indiferencia alúcida del final.

Además, que la cosa amuermante no iba por ahí. No señor. Tampoco por que a tu muerte ¡plaf!, los editores, *managers,* periodistas, disc-jockeys cretinos, publicistas horteras y demás fastuosa fauna afín, descubran que diciendo lo importante que fuiste, enterneciéndose con tu imagen de luchador desdentado y glosando las noñeces que le cantabas a tu novia, les vuelven a pagar 800-1000 pelas/folio o más. A mí, ¿qué quieres que te diga?, todo eso me importa un huevo igualmente.

A mí —y esto es lo que te quería decir—, lo que realmente me da como pena, como risa, como cabreo, como angustia son los 500.000 tipos y tipas que se reunieron en N.Y. cuando lo tuyo. Así están las cosas.

O sea que ¿eran/mos 500.000 los escondidos en buhardillas y cloacas mientras lo del Reagan for president, mientras lo de las Nucleares enloquecidas, mientras la parida del Salt II y mientras otras macarradas imperiales por el estilo y sólo se/nos manifiestan/mos vivos y juntos a mogollón cuando lo de tu muerte? Demasiao. Los/nos van a continuar dando por el culo demasiao. Fueron/mos allí auspiciados por la Yoko, que no parece tonta, y tu jefe de ventas, que no lo es, y rodeados de policías, periodistillas, camellos, chorizos, aburridos, despistados, televisores, radios, vendedores de posters, suicidas, asesinos y asesinados..., pues eso, fueron/mos y se/nos portaron/amos guardando diez silenciosos minutos. Aquello fue un lastimoso *trayler* ensayo y avance de la larga película de las bocas calladas y los pantalones bajos que el feo del Reagan protagonizará y dirigirá con sus amigos en la siguiente década del vértigo (8o's). Y yo, pregunto: ¿Sobrevivirán/emos todos a la miserable década que se nos viene encima?. ¿Llegarán/mos alguno a la década vomitiva (90's) que se precipitará a continuación?, ¿Habrá/mos algún representante de los 500.000 en la abierta era del horror (2.000's) que le seguirá sin remedio? Respuesta: que ninguna, que no se sabe, que vaya mala hostia que tienes, que no te mal enrolles *charles-boyes,* que chupa de este cigarrito de la risa, que qué más dá, que qué dices tío, que lo tuyo es grave, que no hay ná que hacer, que a otra cosa mariposa, que chútate esto y verás cómo te pones, que ya verás como sale uno como Lennon que mole, que a tí que te importa tú a lo tuyo, que mejor te compras un disco de B'52 que es la marcha buena, que folla y calla, que vete al campo, que ya encontrarás trabajo, que tómate otra copa, que no sé...

Que no sé Juan, sólo que los/nos dejaste un buen lío. Que lo tienen/emos muy crudo por aquí abajo con este des-concierto. Y que lo más seguro es que sigan/mos así, lombriceando por las tripas de Moloch sin saber todavía si lo mejor es colocarse en un Ministerio, en un caballo bueno o en la barandilla del acueducto —tipo las Vistillas (Madrid)— y deslizarse —en cualquiera de los tres o más casos— hasta el final del trayecto de toda marcha (porque lo que sí se sabe definitivamente es que el mundo no hay quien lo pare).

Por todas estas cosas: ¡No te quejes John! ¡No te quejes! Porque, ¿qué me dices también del pobre Chapman? Mientras tú ahora en la gloria, de puta madre, tomando copas con la virgen y charlando de vacas con dios, el chiquito ese hecho una braga aquí abajo. Casi todo el mundo poniendole guapo en éstas y otras páginas sin comprender lo artaudiano de su acto. Su cándido deseo de unificar definitivamente el jefe-padre-otro y él. Un infelicillo como quinientos mil, pero que no asimiló bien el rollo ese de la otredad. Ofuscadete fue el buen doble —o menos— hawaiano, sacó su revólver —distinto al vuestro aquél de la buena época ¿te acuerdas?— y sólo pudo revolucionarte la jeta —¿lo que él quería realmente?— con la máscara de la muerte.

Se lo montó mal, sí, pero tampoco tenía tus sedantes miles de dólares en su cuenta corriente. ¿No te da pena, Lennon, tú que estás en los cielos?. Y para colmo tampoco existe la posibilidad de contarle a los jueces yanquis —que no le dejarían siquiera ir a la mani de dolor como le hubiera gustado a Mark— ese rollo de la otredad. Seguramente lo declararán loco y le extirparán un trozo de cerebro, que es lo que allí hacen con los que no saben que hacer con ellos.

En fin Juan, que corto el rollo. Que mal todo. Que muy mal mientras nos reunamos sólo para añorar ansiosamente jefes maldiciendo ocasionales asesinos. Que es verdad que no todos se lo pueden montar en la vida tan bien como tú, pero estarás conmigo en que es demasiado que haya gente, que aprovechándose de eso, nos lo hacen pasar muy putas. Y encima nosotros callados como gilipollas epilépticos o dispersos como arañas colocadas. En fin, mucha pena, mucha risa, mucho cabreo, mucho asco, mucho horror...

JULIO IGNACIO RUIZ

John:
Chapman
HUBIERA
ido
A TU
ENTierro,
escondido
eN eL
CORO
de
plañideRAS.

LENNON DEAD – LENNON BEAT – LENNON MUERTO

¿Fue él quién se la buscó?. Lo mataron de una balasera.
¿amarilla? amarilla a buen seguro ¿y López? ¿qué López?
señor López –1964– sociedad hispaniola de frenos, señales y
segurismos–
señor López tantos años en la casa –señor López quiere Ud. algo
D. Julio –señor López pies planudos y suela de goma. ¿Cómo suela
de
goma? será suela de suela. no señor López con pies planudos y suela
de goma. por los pasillos oscuros, de tablillas de madera no encerada,
hacia el despacho de D. Julio director de frenos, señales y segurismos.
Ya lo sabe. lo sabe señor López que Ud. tiene un hijo que está en un
conjunto musical y que le gustan los beatles y que allí en ese grupo
–en semejante compañía– hacen algo parecido y también se van
dejando
la melena. Si yo tuviese un hijo así. Si-yo-tuviese-López-un hijo así.
Lo jalaba de casa, así, a la pura patada. Y que no volviese.
QUE NO VOLVIESE NUNCA–LOPEZ–NUNCA. BASTA.
JORGE STOETTER

Lennon & Yo
Para Jhon

Ko Ono, Love
Diciembre 80

¿QUIEN MATO A BAMBI?

Glutamato ye-ye: Te costó trabajo comprar tu billete para el viaje final ¿eh?
John Lennon: Qué va!, sólo fue cuestión de cambiarme de compañía discográfica; en cuanto dejé EMI ellos mismos me regalaron el billete. ¿Entiendes lo que quiero decir?
Gy-y: ¿Pero cómo puede ser que muera un cadáver de diez años?
JL: Igual que puede hacer preguntas gente que no ha nacido.
Gy-y: ¿A quién quieres más, a papá o a mamá?
JL: Gilip... ¿No sabes que soy huérfano?
Gy-y: ¿Quién se lo hacía mejor Cinthya o Yoko?
JL: Linda McCartney.
Gy-y: ¿Cómo puede un *leader* de la juventud europea mezclarse con una subhumana japonesa?
JL: Bueno, *I think* que es totalmente incorrecto lo de *leader* de la juventud europea. Yo que fui más famoso que Jesucristo estoy por encima de Europa. En cuanto a lo de Yoko, no es sub-humana, sino super-humana. Es bastante propio de los seres inferiores menospreciar a sus superiores. Es un problema de ignorancia.
Gy-y: ¿Cómo puede una persona considerarse revolucionaria mientras el ministro de Justicia español le dedica frases emocionadas?
JL: Al fin y al cabo yo no tengo la culpa. Nunca he pronunciado ninguna palabra a favor del ministro de Justicia.
Gy-y: Con 14.000 millones de pesetas lo más fácil es decir *"Den una oportunidad a la paz"*.
JL: No es cierto, los 14.000 millones no los conseguí hasta que dije éso.
Gy-y: ¿Qué tal sientan siete tiros al estómago?
JL: Dan un poco de acidez.

Gy-y: ¿Guardas rencor a alguien?
JL: Al ministro de Justicia.
Gy-y: ¿Y qué opinas de los Beatles?
JL: Creo que sí, muy bien, gracias, pero *¿Who are Beatles?* (se vuelve a notar su falta de dominio del castellano).
Gy-y: ¿Te alegras de que miles de fans lloren por tí?
JL: ¿Tú qué crees?
Gy-y: ¿A qué Beatle te hubiera gustado que le dieran los tiros?
JL: A Neil Diamond.
Gy-y: ¿Quieres añadir algo más?
JL: Sí, Mi ser fürher del punk-rock.
Gy-y: Bue...
JL: Espérate que termine: del punk-rock del Paraíso.
Gy-y: Bueno ya estamos hartos de ésto, por nuestra parte queremos hacer una llamada a los demás Beatles y a Bioback-N (Paul también, Paul también) para que sigan tu ejemplo ¡y deprisa!
Gracias John, R.I.P.
JL: Gracias Luis, qué coño John.

GLUTAMATO YE–YE

DE COMO LAS HUESTES DEL ABURRIMIENTO ASESINARON A MAE WEST

En lejanos abismos extragalácticos —o tal vez muy, muy cerca de nosotros— se traman conspiraciones oscuras. Y se produce muerte, confusión y aburrimiento en cantidades gigantescas; y se nos aflige a los pobres terrestres con penas inusitadas. Todo está programado, todo está en orden, e incluso a los suicidas les roban sus muertes, y sus crímenes a los asesinos. Y así, flipando/flipando nos acercamos a los abismos negros donde habitan los parásitos mentales de que habla Colin Wilson, generadores de muermos infinitos. Pues venga; todavía estamos dispuestos para luchar contra las huestes del aburrimiento.

Mae West ha muerto, en la flor de la longevidad. Han muerto las plumas, las orondas caderas y el *"Come up to see me sometime"* que tanto nos emocionaba, que tanto nos divertía. Y sólo nos queda el pobre consuelo de ver a Sara Montiel en la pantalla gris de la TV en color. O sea, de ver fantasmas de fantasmas, reflejos sin sentido en un espejo muerto.

Sid Vicious murió de una forma rarísima, turbia como sólo puede ser turbio todo aquello que las Huestes del Aburrimiento y sus poderosos amos generan para nosotros, para hundirnos. Y con él se acabó un cierto futuro sin futuro, y empezó otra cosa.

Y también, mucho antes, Brian Jones. Y Janis Joplin, y Keith Moon, y Jimi Hendrix, y más y más y más. Se nos va sembrando el suelo de reyes y reinas muertos, muertísimos. Y sus cadáveres no sirven siquiera de abono para que crezcan flores nuevas. Sólo crecen abrojos y malas hierbas, plantas nucleares y maniquíes de vinilo, entre los que se mueven androides cada vez más rígidos, como si la muerte fuera algo contagioso, como si la alegre paranoía del Mediterráneo se convirtiese en catatonia finlandesa.

Y, ahora, el palo de lo del Beatle muerto, del John Lennon. Una pena, ¿verdad? Era un chico muy simpático, tal vez –no, seguro– el más simpático de los Beatles. Yo no le ví nunca, ni siquiera en un cuelgue de datura. En realidad, siempre he preferido tener visiones más divertidas, soñar con ciudades multicolores y leyendas perdidas en desvanes. No me va soñar con mis cantantes preferidos, porque no soy fan de nadie ni de nada, ni siquiera de tus ojos tan fijos y profundos, encanto. Nunca un sueño húmedo con John Lennon, ni con Jagger, ni con Leif Garrett siquiera, y eso que está buenísimo. Pero me gustaba, e incluso puedo decir, sin exagerar mucho, que en algún momento dio un sentido a mi rollo, contó cosas, hizo cosas que me hubiera gustado hacer a mí; como, por ejemplo, tener un Rolls blanco, o casarse con Yoko Ono, o vivir en la fatídica casa donde se rodó *"La Semilla del Diablo"*. Porque todos queremos tener la vida que tú tuviste, escarabajo.

Bueno, pues descansa en paz. Me emborracharé de vodka y peppermint y verteré unas cuantas gotas al suelo –aunque beber sea tan caro– a la salud de tu no alma. Y a la salud de todos mis muertos, que son cada día más. Y pondré el tocadiscos y volveré a escuchar a Gary Numan, o a Dead Boys, o a Talking Heads, que es lo que en realidad me apetece. Y no volveré nunca –bueno, alguna vez, si por casualidad se da la cosa– a escuchar un disco del John Lennon. Porque era un héroe, y ya no queremos héroes para nada, y me parece ya una muerte la tuya tan lejana como la de Leon Trotsky, la de Durruti o la de Isadora Duncan. Besos, y hasta luego.

EDUARDO HARO IBARS

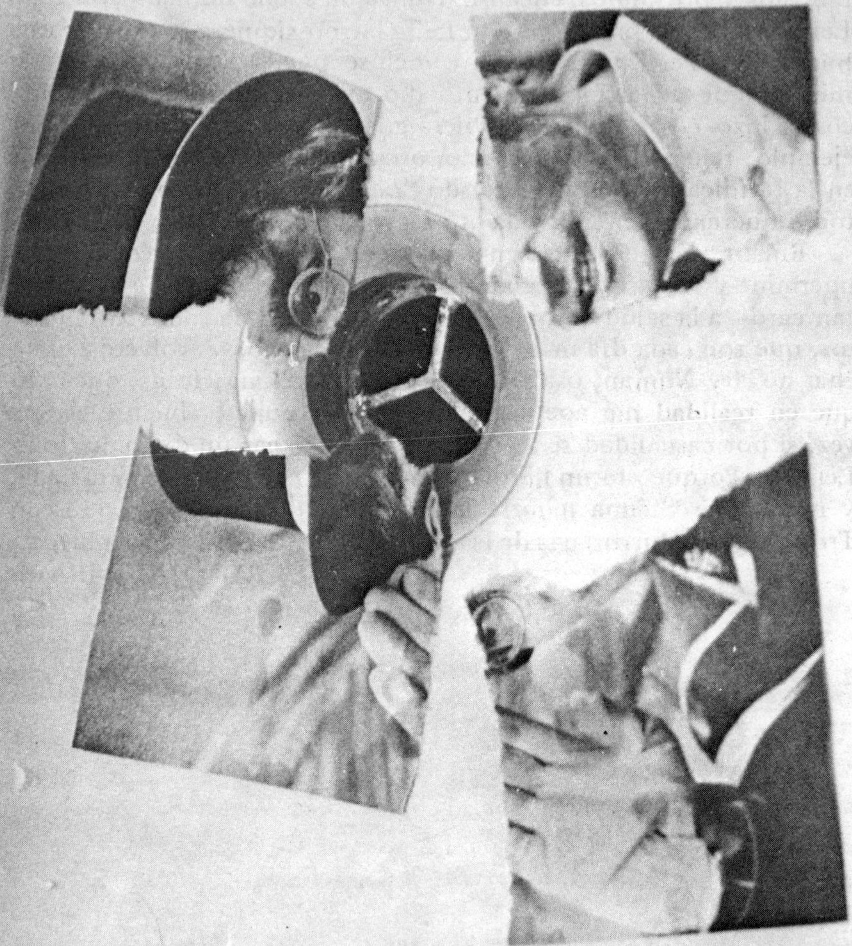

MANCÓ EL SUPLICANTE

Cuando

el tiempo empeora,

medimos el dolor por un concepto:

DIOS

HOY

MISMO Tiene *el* futuro

pero en la mano de quién pone él **Control**

Ya nunca más podremos pensar que

es solo una palabra

PUERTA CERRADA es también otra palabra

que vive y no

O

se ofrece como

La memoria como una

justificación de ser

la felicidad en un arma
caliente

SOLEDAD

GLORIA

Costoso triunfo

para no contemplar el álbum de locuras

No es

necesaria la **CALMA** y sin embargo nos prolonga
un suspiro

aire

SOL

calienta el extra-principio

¿Dónde enpieza tu sombra?

mediación de conceptos

El genio es tambien dolor

cuando el tiempo empeora

YULINO DAVILA

OYE, LENNON, TE ENVIDIO

Nunca tendré esa suerte:
esa suerte de balas numeradas,
de orejeras impuestas a la zaga,
queriendo, sin saber, uncirme al carro
de un perfecto final.

No bailarán ante mi cuerpo seco
jugosos gajos de perdidas causas,
ni entonarán absortas
tiernas canciones en parques helados
mil voces pacifistas.

Pagaré por mi muerte con mi muerte
de protocolo exenta,
y no será mi cuerpo sedimento
de escuela o de generación alguna,
ni de ninguna década.

Oye, Lennon, te envidio
por tu sólido adiós en mi ciudad:
la ciudad que soñaba, con mi fuga,
convertir en la urna funeraria
de mis versos ocultos.

ME PARECE MUY BIEN QUE TE HAYAS MUERTO

Una bala perdida
rayó con siete sesgos mi sonrisa:
caí en un colchón ensangrentado.

frunciéndome el cielo de melindres
esponjas insidiosas en la frente

mi cinturón metáforas de lata
ojal de una corbata que me prende

reflejos de una sopa mis zapatos
cubos de hiel tejiendo un alarido

zona neutral mi subterfugio alado
por requiebro de ojos suspendidos

vence a mis pies el gesto de una uña
que a mi camisa hace gemir flores

me es difícil encontrar la música
y forjo una palanca de tacones

a orza me remiendo la cabeza
que unta en los huesos mantequilla

los rasgos fastuosos devorando
el primitivo albor de las salchichas

sátrapas de mi olfato las pestañas
apuestan a un auriga patizambo

y yo devengo cristal de lechuga
en un procaz ovillo me devano

Una cosa sencilla:
me parece muy bien que te hayas muerto.
Tú ya me entiendes.

JUAN LUIS RECIO

¿QUIEN MATO A YOKO ONO?...

John, sólo estaba bailando,
Sabes que los niños tristes de Belfast
Juegan caricias de calibre 38/ Lanzallamas margaritas japonesas/ Y
Una oportunidad para la paz

John, sabes que sólo eran las danzas rituales
De la muerte/ Una cruz en Central Park/Una tiniebla histérica de
Sirenas policía en Manhattan/
Un dólar por segundo
Una llaga de vinilo
Una foto de revista del corazón
Un disparo para Yoko

Joh, sólo bailaba
Como siluetas deslizantes entre tumbas de los Kennedy/ Piruetas de
Jet Set/ Una cama y todos los reporteros/
, Y flashes yesterday
Cuatro flashes
Cuatro disparos/ Como
pasos de

Twist
Sobre un mundo minado de ilusiones necias/ Y sinceras/
Hiro Hito y la mona de Gibraltar/
Y una guitarra de cuerdas de

Acero

ULTIMAS NOTICIAS – New York, 9-12-80

Causa conmoción en la Capital del Imperio la misteriosa muerte de la célebre psicoesteticista Yoko Ono, que fue encontrada ayer a las 11 de la noche asesinada con una plancha de vapor. Parece que el acto fue perpetrado por Brian Epstein –conocido fan del grupo de "New Wave" The Beatles, del que es miembro el marido de Yoko, John Lennon–. El cadaver apareció envuelto en una bañera, en la puerta de los apartamentos donde vivía el matrimonio. Curiosamente, Yoko tomaba en aquel momento su baño de algas.

John, David sólo estaba bailando
Debiste haber escuchado lo que decía Marc Bolan
Sabes que las reinas siempre mueren demasiado tarde/ Y los niños
juegan a la guerra en sórdidos perdidos callejones del parque/

Y radios apagadas vomitan millones de melodías demasiado
antiguas en horas intempestivas/
Suicidio de una leyenda destronada
Sangre de color mustio y envejecido
Un beso y un autógrafo en portada
Un disparo para Yoko

Joh, lo siento mucho,
Pero ya no estoy dispuesto a llorar por tí
ni por nadie

LOVICH

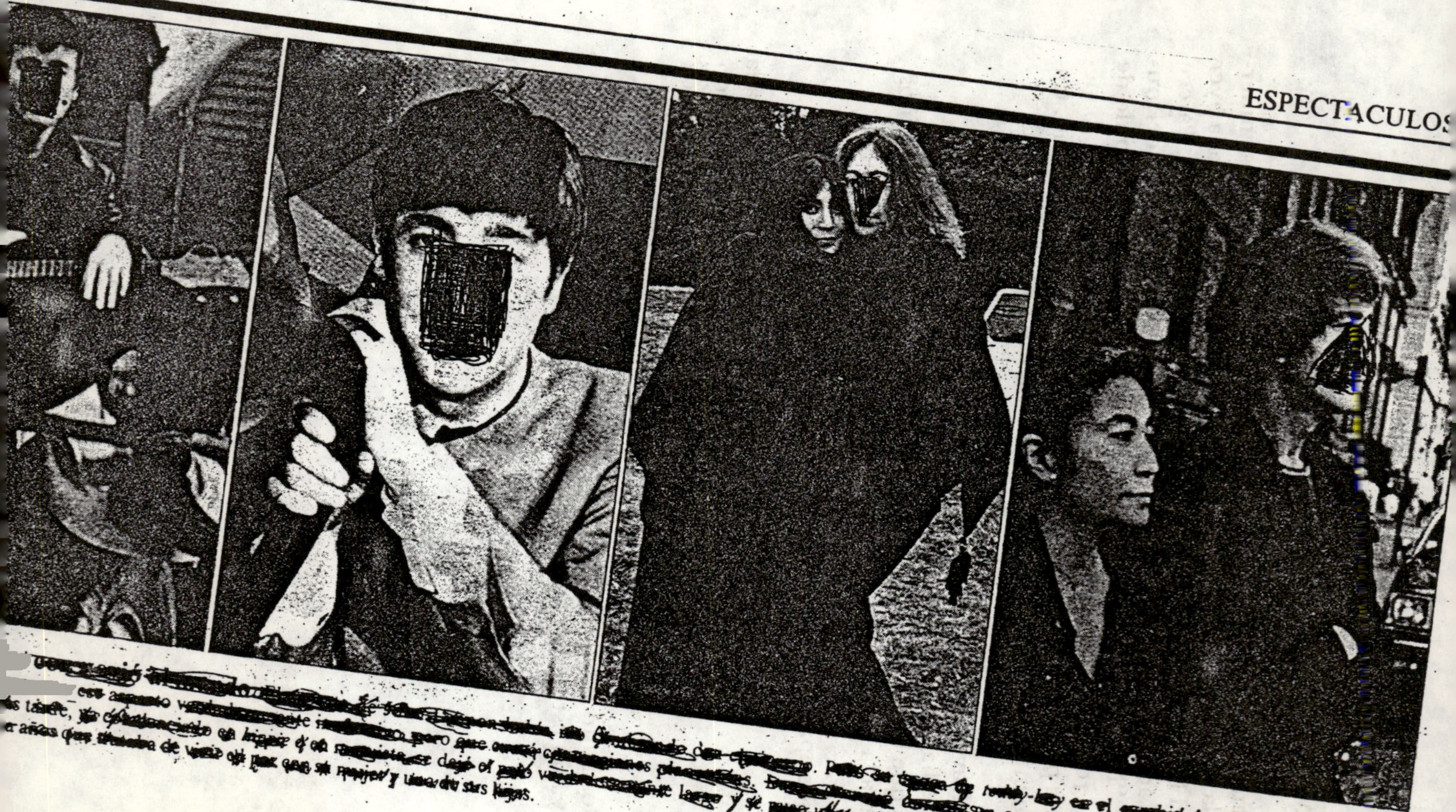

[redacted] ese aspecto v[redacted]te i[redacted] pero que [redacted] de [redacted]. [redacted] de teddy-boy en el [redacted] de [redacted], para [redacted]
...s tarde, [redacted] en [redacted] y en [redacted] se dejó el [redacted] v[redacted]te [redacted]. [redacted] un [redacted] de [redacted] de [redacted] de [redacted]
...e años que [redacted] de [redacted] que su mujer y una de sus hijas. [redacted] y se [redacted] de la [redacted]d s[redacted] inglesa. [redacted] un hombre

Querido amigo John, hoy todos te queremos
cuando todos decíamos que odiábamos a los
tuyos, y en especial a ti por ser el más
feo, ¿qué puedo yo decir de ti? no escribo
para decir quien eras tú, sino para hacer
resaltar, que no vas a estar solo, pues
muchos amigos tuyos y míos están esperándo-
te para cantar un "Blues", me has
echo daño al irte, pero todavía no estamos
solos ahora el Get Back golpea aún
más fuerte las paredes de los pub
donde suelo ir con mi compañera y
tu voz vuelve a romper el silencio,
Tú también pusiste una piedra en
la gran montaña del "Rock n Roll"
por eso no te olvidaré.—

Risi
Burning

LA ULTIMA CANCION DEL ESCARABAJO

... Es de noche. Llueve en Nueva Yorl
Florecen mil estrellas en los cristales de mis gafas.
¡Es hermoso pasear en la noche!
... El suelo mojado, duro, carbón... ón, ón...
¿Dieciséis millones viendo la televisión, ón, ón?
No, algún ciego habrá...
"chop, chop, chop"... "clinc, clinc, clinc"... "Let it, be"...
Una sirena de policía. Viene hacia aquí. ¡No lo entiendo!
¿Por qué viene?. No tengo nada que ocultar. Yo no soy un
escarabajo. ¡Yo soy un caballero!
... Qué hermoso sueño... La reina me hizo caballero...
... Sastrecillo Valiente...
¿Y ella? ¿dónde está ella?. ¡No puedo verla! Sólo puedo ver las
gotas de agua. Caen extrañamente... Caen, ¡planas!.
... Creo que me tragó el Sistema. El Sistema. Me tragó.
... Todo acabó cuando al principio de los Nuevos Tiempos, un
mostrador vino hacia mí. "Firme" me dijo, y yo firmé.
¡Pero faltaba una póliza!. "Juro señor juez que la póliza
estaba cuando salí de casa... ¡Ya sé, algún maligno me la robó!
¿usted no lee tebeos de Supermán?"...
... No puede ser. No puedo estar muriendo...
... ¿Y Yoko? ¿dónde está Yoko?. ¡Sólo puedo ver las gotas
de agua!...
... No puedo morir por una póliza...
¡¡¡El sistema no podrá tragarme!!!
... Pero creo que me tragó...
No, no puede ser. No puedo estar muriendo.
¡¡¡Yo no soy un escarabajo!!!

Luego, sólo se oía
una sirena de policía.
El mostrador recordó,
y se paró.
Era un mostrador.

Dulce es del limonero la flor,
pero el fruto tiene ácido sabor.
¿Por una firma John Lennon murió?
No, faltaba la póliza en el impreso
y la historia no acaba aquí.
No.

Tendrán que rellenarlo de nuevo
y nosotros no ayudaremos.
Nuestros flequillos podrán con sus sellos.
Además, se rompen los sistemas
cuando llueven estrellas.

"¿Dieciséis millones viendo el programa de N.B.C.?
... No, algún muchacho compone música, oh yeah, yeah"

REYES DE BLAS

SI MARK DAVID CHAPMAN HUBIESE ERRADO EL TIRO

Si Mark David Chapman hubiese errado el tiro, la portada del Lecturas del 26 de diciembre de 1980 hubiera acogido, bien al hijo secreto del Pescadilla, recién reconocido por éste o bien a Bob Marley (quien todos sabemos que se somete actualmente a un tratamiento anticáncer) con su familia, en su casa de Jamaica.

Si Mark David Chapman hubiese errado el tiro, en los periódicos del día siguiente, en la sección de espectáculos o quizá en la de sucesos, hubiera aparecido una breve gacetilla bajo el título de "Hawaiano desequilibrado intenta matar a un ex-beatle".

Si Mark David Chapman hubiese errado el tiro, es posible que hacia el año 2022 se publicara en los periódicos (que queden) un suelto así redactado: "En su retiro de Yoknapatawpha ha fallecido John Lennon, último superviviente de los míticos 'Beatles', quienes junto con Elvis Presley, Bob Dylan y algunos otros renovaron el panorama de la música popular en la época de nuestros abuelos. Desde que murió su mujer —la japonesa Yoko Ono— hace unos diez años, Lennon vivía prácticamente recluido en su rancho-fortaleza y últimamente se rumoreaba que tenía sus facultades mentales algo mermadas. De hecho, su último disco ("The times didn't changed", "Los tiempos no cambiaron") data de hace más de veinticinco años, y tuvo escaso éxito tanto de crítica como de público. Desde entonces su silencio musical había sido absoluto y en los últimos años se encontraba prácticamente olvidado y hasta, al parecer, con graves dificultades económicas. La música de Lennon, que influyó poderosamente a centenares de músicos de 1965 a 1985, se encontraba desfasada para nuestra época, a pesar de su incontrovertible valor documental e histórico. Coincidiendo con su muerte, diversas agrupaciones culturales y musicales, programarán ciclos sobre su obra, cuyas fechas se anunciarán oportunamente.

Si Mark David Chapman hubiese errado el tiro, quizá hubiera herido de muerte a Yoko Ono (a la que cualquier cronista imparcial supone justamente al lado de Lennon), "Lecturas" hubiera tenido para la portada material más interesante que la legitimidad de los hijos del Pescadilla o la intimidad jamaicana de los Marley y no soy capaz de imaginar con un mínimo de bonhomía cuál hubiera sido la reacción del cónyuge superviviente.

Si Mark David Chapman hubiese errado el tiro más de una y más de dos de las revistas musicales que pueblan el planeta habrían arreglado sus problemas de portada durante el 1981 con el titular: "¿Se reúnen los Beatles?. Todo parece indicar que sí".

Si Mark David Chapman hubiese errado el tiro, yo no me acordaría de quién es Mark David Chapman.

Si Mark David Chapman hubiese errado el tiro las críticas al álbum "Double Fantasy" hubieran sido más acerbas de lo que están siendo.

Si Mark David Chapman hubiese errado el tiro, se habría quedado pasmado y se hubiera dejado coger a lo mejor pidiendo perdón o quizás no, quizá hubiera empezado a correr, a correr y nadie hubiera sabido nunca quién había errado el tiro.

Si Mark David Chapman hubiera errado el tiro, yo no sabría que Lauren Bacall vive en Dakota House.

Si el tipo ése hubiese errado el tiro, las audiciones que hoy, mañana y pasado mañana se hacen o harán de Sgt. Peppers, Abbey Road o la Plastic Ono Band no estarían impregnadas de un dulzarrón y pútrido olor a fracaso y necrofilia.

Si M.D.C.H.E.E.T. dos niñatos que vi el otro día por la calle de Preciados no se hubieran comprado la chapita de La Banda de Corazones Solitarios del Sargento Peppers, sino que se habrían agenciado una de Sex Pistols o de Groucho Marx (y ésta es otra) o de qué sé yo quién.

Pero el maldito de él, con su miopía cabalgante, su histeria y su entrañable paranoia va y acertó y tenemos que saber todo lo que sabemos y dejar de saber lo que hubiéramos podido haber sabido.

Aunque, y pese a todo, el morir bien es tarea y gloria de príncipes justos.

JOSE MIGUEL MARCEN, "ONLIYU"

TENGA FUEGO
MR. LENNON

HOMENAJE POSTUMO

La verdad es que uno ya no se siente inmerso en ningún movimiento...

(con gesto seguro y cansado)

... a lo más algunas adhesiones personales. Me procupa cada vez más mi salud mental.

(serio y concluyente)

Respecto a las mujeres me gustan casi todas. También algunos hombres.

(en plan confidencial)

He de reconocer que pasaron muchas mujeres por mi apartamento...

(entre afectado y tierno)

... pero sólo a una le he dejado en prenda mi vida y sólo un hombre logró retenerme durante toda una noche.

(risas entre los concurrentes. Parecen no estar preparados para ese tipo de confesiones. Inclina la cabeza hacia delante como si no oyera bien lo que le preguntan)

No, no..., estrictamente vegetariano no soy. Creo en la medicina homeopática cuando afirma que en cuestiones alimenticias la única regla a seguir es la moderación.

(Silencio)

(como si pensara en voz alta)

Es curioso...

(echa una ojeada a su cuerpo)

consecutivamente me encuentro gordo y flaco...

(como quien ahuyentara un mal pensamiento)

... supongo que debe ser sólo una cuestión de aspecto.

(le preguntan por qué lleva tanto tiempo sin trabajar)

Bueno, sí, dejé de trabajar; pero a partir de ese momento resolví para siempre no seguir ocultándome.

(enmudecimiento)

(se levanta de la silla. Todos los presentes en la habitación están a la espectativa. Les recorre con la mirada uno a uno, traga saliva como quien ingiere cianuro y dice:)

De todas formas seguiré firmando John Lennon.

JAVIER RODRIGUEZ DE FONSECA

ME CAGO EN EL HIJO DE PUTA QUE TE HA ASESINADO, JOHN

Esta tarde
me dijeron que para qué habías servido.
Lo medité tres segundos:
"Para que calle la pólvora en la calle".
Hoy
me llamaron por teléfono
y me pidieron que te dedicara unas palabras:
"Para John Lennon, amigo,
músico, heterodoxo, justiciero,
japonés, kamikaze,
andaluz, cineasta, enamorado,
Beatle, millonario, cuarentón,
yeyé,
agnóstico, nervudo, british".
También
me preguntaron si yo podía ser poeta por un día.
¿Lo fuí ahora?
Ni me importa.
Lo fundamental ha sido que tu gente, a miles de canciones,
con el paso lento que origina la noticia de la muerte,
cantará tus esperanzas, las de Yoko y Nueva York,
la música sin losa, sin ceniza, ni ladrillo o etiqueta:
las canciones de John Lennon,
gritos por la vida,
NO a la muerte.

CARLOS TENA

REDACCION: JOHN LENNON

Redacción

John Lennon

Yo nunca conocí a John, pero escuchaba canciones de los Beatles que ponían mis hermanos mayores.

Siempre sobre todo en Navidad, era cuando nos reuniamos mas porque los otros dias habría que ir al colejio y no teniamos tiempo.

A mi yo creo que John era el mejor de los Beatles. Mi hermano Luis lo decía siempre cuando hablaba con otros amigos.

Ahora la señorita dice que se ha muerto porque lo mató un hombre. En la radio se escuchan muchas canciones suyas y la señorita dice que fue el mejor del pop.

Mi padre, cuando se lo dijo mi hermano Fernando, dijo: "El muerto al hoyo y el vivo al bollo". Y no sé que mas dijeron.

Todos los periodicos han escrito muchisimo de John Lennon y dicen que era bueno y tenía una mujer japonesa.

Un amigo de mi hermano que escribe en los periodicos ha dicho que era el mejor de todos. Pero yo no sé cuales son todos.

El día que se murió habría

mucha actividad en casa y Fernando y Luis hablaban mucho por el telefono.

En la tele tambien salió John Lennon pero a mis hermanos les parecía muy poco.

John Lennon es inglés de Liverpul pero vivía en America del norte con su mujer que era japonesa y con un hijo pequeño como yo.

Además de hacer canciones y discos tambien escrivio algun libro, pero muy pocos y era mas conocido porque cantaba.

Con John Lennon se ha ter–

minado una epoca porque de vez en cuando se terminan las épocas cada diez años o así.

A mi me da pena que se muera alguien pero no mucha en las películos del oeste que hay gente muy mala ni en Estarsci y Juch porque son buenos.

Pero la señorita dice que no hay buenos y malos pero que a veces pasan cosas de estas y un hombre mata a John Lennon con una pistola y le dispara muchos tiros.

Eduardo Bronchalo

CEESEPE.

INDICE

Pág.

Javier Puebla 5
Juan Ramón Gutiérrez 6
Xaime Noguerol: ADIOS, INDOMITO JOHN 7
Luis Eduardo Aute: TRAVELLING 8
Miguel Ríos: LOS BUENOS MUEREN JOVENES 9
Pere Ferrando: LA TORMENTA 10
Agust 11
Carlos D. Perellón: LENNON NO HA MUERTO 12
Federico Sueño: LENNON IN THE SKY
WITH DIAMONDS 14
José Luis Belluga 15
Fernando Márquez: DIA 9 DE DICIEMBRE 16
Fernando Tizón 19
Javier Puebla: IMAGINA... QUE JOHN NO HA MUERTO .. 20
El Aviador Dro 22
Moncho Alpuente: EL DOBLE AMERICANO 23
María José Gallego 24
Mariano Antolín Rato: ASESINAN A LENNON &
RESUCITAN LOS BEATLES 25
Julio Ignacio Ruiz: JOHN ¡QUE BUENO QUE TE
FUISTE!, PERO ¡VAYA LIO QUE DEJASTE! 27
Carlos Bloch 30
Jorge Stoetter: LENNON DEAD/LENNON
BEAT–LENNON MUERTO 31
Oscar Benedí 32
Glutamato ye-ye: ¿QUIEN MATO A BAMBI? 34
Eduardo Haro Ibars: DE COMO LAS HUESTES
DEL ABURRIMIENTO ASESINARON A MAE WEST 36
Javier Puebla 38
Yulino: MANCÓ EL SUPLICANTE 39

Juan Luis Recio: OYE, LENNON, TE ENVIDIO 40
Juan Luis Recio: ME PARECE MUY BIEN QUE TE HAYAS MUERTO 41
Lovich: ¿QUIEN MATO A YOKO ONO? 42
Eduardo Haro Ibars 44
Risi (Burning) 45
Reyes de Blas: LA ULTIMA CANCION DEL ESCARABAJO 46
José Miguel Marcén "Onliyú": SI MARK DAVID CHAPMAN HUBIESE ERRADO EL TIRO 48
Carlos Bloch 50
Javier Rodríguez de Fonseca: HOMENAJE POSTUMO 51
Carlos Tena: ME CAGO EN EL HIJO DE PUTA QUE TE HA ASESINADO' JOHN 53
Alicia González de Castro 54
Eduardo Bronchalo: REDACCION: *JOHN LENNON* 55
Ceesepe 59

LA BANDA DE MOEBIUS

TITULOS PUBLICADOS

1. EMILIO SOLA: La soledad, los viajes, el mar, la amnistía, varios muertos y un aniversario, con hermosísimos dibujos de Ramón Ramírez. 64 págs., formato 10 x 18, 75 pts. *(agotado).*

2. JAVIER SANDOVAL: Amanecer de Plomo. 64 págs., formato 10 x 18, 75 pts. *(agotado).*

3. C.A.Z.: Manifiesto de la Comuna Antinacionalista Zamorana *(4ª edición).* 64 págs., formato 13 x 19, 150 pts.

4. ROMAN REYES: La Oración de un Escéptico. 64 págs., formato 10 x 18, 100 pts. *(agotado).*

5. ANONIMO: Apotegmas a propósito del marxismo con motivo del 150 aniversario del nacimiento de Carlos Marx *(2ª edición).* 48 págs., formato 13 x 19,95 pts.

6. C.A.Z.: Comunicado Urgente contra el Despilfarro *(2ª edición).* 64 págs., formato 13 x 19, 95 pts.

7. VARIOS AUTORES: La Banda de Moebius presenta algunos poemas de las muy variadas gentes que nuestra búsqueda emprendieron o que nos hemos ido topando, las cuales, queriendo montar su propio número, han consentido, en aras del espectáculo, en que el número sea de todos, y que aquí se presentan, desordenadamente, esperando el aplauso y el fervor del público que venga a escucharles. 96 págs., formato 11 x 19, 120 pts.

8. INTERNACIONAL NEXIALISTA 1: Documentos (La Región Intermediaria, El Mildiu, Algunos aspectos ideológicos de la actualidad española). 64 págs., formato 13 x 19, 60 pts.

9. MANUEL CARRASCO: Vidrios Rotos. 80 págs., formato 15 x 21, 100 pts.

10. MARIANO SOLER: Walking Blues. 64 págs., formato 11 x 19, 75 pts.

11. EMILIO SOLA: Acción, Meditaciones y Muerte de Juan Bravo. 32 págs. dobles, formato 22 x 19, 75 pts.

12. SAYED MUSTAFA EL UALI: Tres Textos: Dos Cartas (a Hassan II y Uld Daddah) y Un Discurso (en el tercer aniversario de la Revolución Saharaui), 48 págs., formato 13 x 19, 75 pts.

13. SANTOS ISIDRO SESEÑA: La Mala Gana. 64 págs., formato 11 x 19, 75 pts.

14. JAVIER SANDOVAL: Blindaje. 64 págs., formato 11 x 19, 100 pts.

15. JUAN LUIS RECIO: Introducción al Desborde. 32 págs., formato 11 x 19, 50 pts.

16. XAIME NOGUEROL: Irrevocablemente Inadaptados (Crónica de una Generación Crucificada) *(2ª edición).* 80 págs., formato 11 x 19, 195 pts. (Primer volumen de una triología).

17. EL MAGNOLIO: Costa de las Piedras (Folleto Turístico). 48 págs., formato 19 x 26, 160 pts.

18. OSCAR WILDE: Balada de la Cárcel de Reading *(edición bilingüe).* 80 págs., formato 15 x 21, 175 pts.

19. C.A.Z.: De los Modos de Integración del Pronunciamiento Estudiantil. 48 págs., formato 13 x 19, 95 pts.

20. CEESEPE: Vicios Modernos, seguido de Bestias de Lujo. 32 págs., formato 21 x 30, 125 pts.

21. FERNANDO MARQUEZ: Todos los Chicos y Chicas (Historias de la Nueva Ola). 80 págs., formato 15 x 21, 195 pts.

22. EDUARDO HARO IBARS: Empalador. 80 págs., formato 15 x 21, 225 pts.

23. XAIME NOGUEROL: Extraños en el escaparate. 80 págs., formato 15 x 21, 250 pts. (Segundo volumen de una trilogía).

24. JAVIER VILLAN: Nocturno amor y mar. 48 págs., formato 15 x 21, 150 pts.

25. LEOPOLDO MARIA PANERO. El que no ve. 48 págs., formato 15 x 21, 175 pts.

26. VARIOS AUTORES: La Banda de Moebius presenta: *Homenaje a John Lennon.* 64 págs., formato 15 x 21, 250 pts.

De próxima aparición:

27. PABLO VIRUMBRALES: Cancionero del vaso. 48 págs., formato 15 x 21, 175 pts.

28. JORGE STOETTER: Servidumbre sin lumbre. 72 págs., formato 14 x 21, 250 pts.

29. XAIME NOGUEROL: A pesar de todo. (Tercer volumen de una trilogía).